Nota para los padres

DK READERS es un convincente programa para lectores infantiles desarrollado por un equipo de expertos en la didáctica del lenguaje, entre los que destaca la Dra. Linda Gambrell, directora de la facultad de educación Eugene T. Moore de la Universidad de Clemson. La Dra. Gambrell también ha sido presidenta de la Conferencia Nacional de Lectura y miembro de la junta directiva de la Asociación Internacional de Lectura.

Combinamos bellas ilustraciones y magníficas fotografías a color con textos entretenidos y sencillos, con el fin de ofrecer una aproximación amena a cada tema en la serie. Cada volumen de la serie DK READERS captará el interés del niño al tiempo que desarrolla sus destrezas de lectura, cultura general y pasión por la lectura.

El programa de DK READERS está estructurado en cinco niveles de lectura, para que pueda usted hacer una elección precisa y adecuada a las aptitudes de su hijo.

Prenivel 1 – Para principiantes
Nivel 1 – Primeros pasos
Nivel 2 – Lectura asistida
Nivel 3 – Lectura independiente
Nivel 4 – Lectura avanzada

Dado que la edad "normal" para que un niño empiece a leer puede estar entre los tres y los ocho años de edad, estos niveles han de servir sólo como una pauta general.

Pero sea cual sea el nivel, usted le ayudará a su hijo a aprender a leer... ¡y a leer para aprender!

LONDRES, NUEVA YORK, MUNICH,
MELBOURNE Y DELHI

Director de publicaciones Andrew Berkhut
Editora ejecutiva Andrea Curley
Directora de Arte Tina Vaughan
Fotógrafo Howard L. Puckett

Asesora de lectura
Linda B. Gambrell, Ph.D.

Versión en español
Editora Alisha Niehaus
Directora de Arte Michelle Baxter
Diseñadora DTP Kathy Farias
Producción Ivor Parker

Traducción Scott Foresman

Primero edición estadounidense 2001
Versión en español de DK, 2006

06 07 08 09 10 9 8 7 6 4 3 2 1

Publicado en Estados Unidos por DK Publishing, Inc.
375 Hudson Street, New York, NY 10014

Publicado en Gran Bretana por Dorling Kindersley Limited.

ISBN: 0-07566-2133-X (pb); 0-7566-2134-8 (hc)

Reproducción a color por Colourscan, Singapur
Impreso y encuadernado en China por L. Rex Printing Co., Ltd.

A catalog record for this book is available from the Library of Congress.

Los personajes y eventos de esta historia son ficticios y no representan per-
sonas o hechos reales. La autora quisiera agradecer al Jefe de Bomberos
Frank Kovarik por su ayuda. Un especial agradecimiento para el Jefe de
Bomberos Robert Ezekiel, Departamento de Bomberos de la ciudad de
Mountain Brook, Alabama.

Descubre más en
www.dk.com

Un día en la vida de un bombero

Escrito por Linda Hayward

DK Publishing, Inc.

Rob Green prepara
un bolso con ropa limpia
y se despide de su familia.
Rob es bombero.

 8:00 a.m.

Rob cuelga su ropa
en el armario de la
estación de bomberos.
Rob está de turno
las próximas
24 horas.

5

El jefe Myers reparte las tareas
a los bomberos.

Si hay un incendio,
Rob hará el rescate.
También debe revisar
las mangueras
y las boquillas.
Y cocinar la cena.

boquilla

—Esta mañana hay que
inspeccionar un restaurante
nuevo —dice el jefe—.
Y una clase de segundo grado
viene de visita esta tarde.

Rob hace su trabajo.

La boquilla de la manguera
controla la salida del agua.

Todas las boquillas funcionan.

Pete enciende
el camión.
¿Tiene
suficiente
gasolina?

Luis se fija en el aceite.

10:30 a.m.

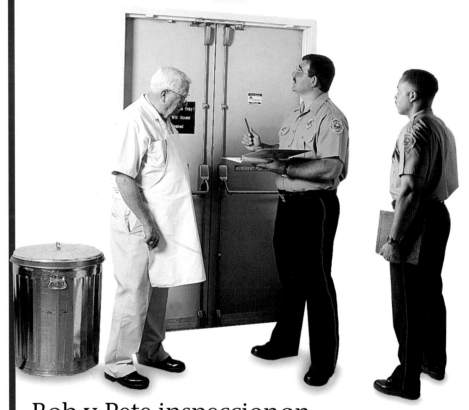

Rob y Pete inspeccionan el restaurante. ¿Está encendida la luz de la salida de emergencia?

salida de emergencia

¿Dónde está el extintor?

¿Funcionan los
rociadores de incendios?

rociador

12:00 del mediodía

Es hora de almorzar.

Luis cuenta
que fue de pesca.
Pescó mucho.
Más tarde, Rob va a cocinar
el pescado para la cena.

1:30 p.m.

sirena

La clase viene de visita.

¿Dónde está la sirena?

Rob muestra
el equipo que usa
en un incendio.
Éste es el tanque
de oxígeno.

tanque
de oxígeno

—En un cuarto lleno
de humo hay que
agacharse y gatear
—les recuerda Pete.

Ya casi es hora de cenar.
Rob prepara la comida
en la cocina.

¡Pescado frito para
12 bomberos!

6:00 p.m.

¡Ring! ¡Ring! ¡Ring!

Suena la alarma de incendios.

¡Todos se levantan corriendo!

Rob está listo
para salir.

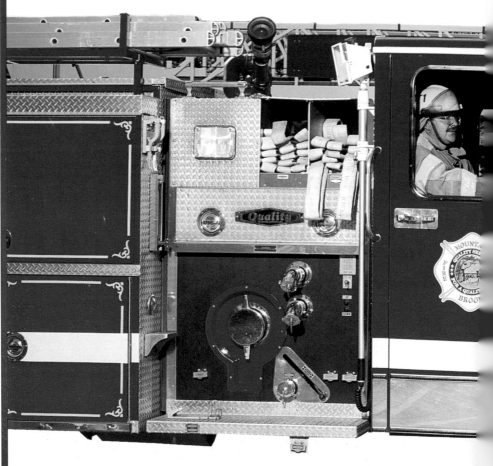

El camión de bomberos
sale rápido de la estación.
A-UUU, A-UUU
suena la sirena.

6:10 p.m.

Pete se pone la máscara
y lleva la manguera
hasta la puerta.
Allí espera.

máscara

Rob va al rescate.

¡El perro de Michelle todavía
está dentro de la casa!

Rob entra primero.

Oye un ladrido.

Encuentra
al perrito
en la sala.

Rob saca al perro
y se lo da a Michelle.

Pete tiene un radio
en el casco. Recibe la orden
de entrar a la casa. ¡Adelante!

casco

Pete entra a la casa.
Pronto saldrá un chorro
de agua de la manguera.

¡Apagaron el incendio!

Rob guarda la manguera.

manguera

Luis ayuda a limpiar.

8:00 p.m.

El jefe informa que
la casa ya no corre peligro.

De regreso
al cuartel,
los bomberos
limpian todo.

La manguera,
el camión...
¡los bomberos!

10:45 p.m.

¡Rob cocina de nuevo!
Ahora los bomberos sí pueden
saborear el pescado. Después
es hora de dormir.

Rob duerme en la estación.
Antes de dormirse,
piensa en Michelle
y en su perro.

Rob se sonríe.
¡Tiene el mejor trabajo
del mundo!

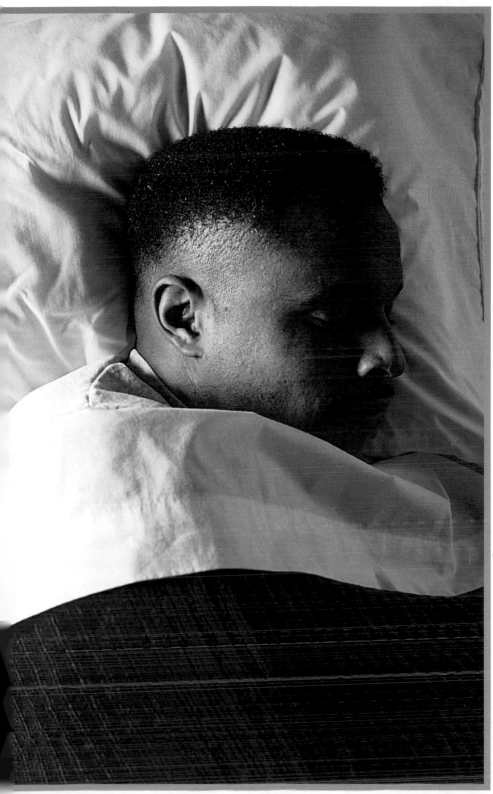

Vocabulario ilustrado

boquilla

tanque de oxígeno

salida de emergencia

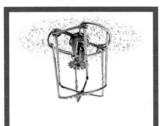
máscara

rociador

casco

sirena

manguera